L'ANCIEN COUTUMIER

DU PAYS DE BERRY

(XIVᵉ ET XVᵉ SIÈCLES)

PAR

ÉMILE CHÉNON

PROFESSEUR A LA FACULTÉ DE DROIT DE PARIS
ANCIEN ÉLÈVE DE L'ÉCOLE POLYTECHNIQUE

Extrait de la *Nouvelle Revue historique de droit français et étranger*,
année 1905.

LIBRAIRIE
DE LA SOCIÉTÉ DU RECUEIL J.-B. SIREY ET DU JOURNAL DU PALAIS
Ancienne Maison L. LAROSE & FORCEL
22, rue Soufflot, PARIS, 5ᵉ Arrond.
L. LAROSE & L. TENIN, Directeurs

—

1905

(Essai de bibliographie
des œuvres de H. de Groot.)

L'ANCIEN COUTUMIER

DU PAYS DE BERRY

(XIVe ET XVe SIÈCLES)

IMPRIMERIE
CONTANT-LAGUERRE
LVX IN VITAM
BAR-LE-DUC

L'ANCIEN COUTUMIER

DU PAYS DE BERRY

(XIVe ET XVe SIÈCLES)

PAR

ÉMILE CHÉNON

PROFESSEUR A LA FACULTÉ DE DROIT DE PARIS
ANCIEN ÉLÈVE DE L'ÉCOLE POLYTECHNIQUE

Extrait de la *Nouvelle Revue historique de droit français et étranger*,
année 1905.

LIBRAIRIE
DE LA SOCIÉTÉ DU RECUEIL J.-B. SIREY ET DU JOURNAL DU PALAIS
Ancienne Maison L. LAROSE & FORCEL
22, rue Soufflot, PARIS, 5e Arrond.
L. LAROSE & L. TENIN, Directeurs
—
1905

L'ANCIEN COUTUMIER

DU PAYS DE BERRY

1. — Dans son précieux recueil intitulé : *Les anciennes et nouvelles Coutumes locales de Berry et de Lorris*, La Thaumassière a édité pour la première fois, d'après un manuscrit qui lui avait été fourni par son ami Nicolas Catherinot, un vieux coutumier portant pour titre : *Les Coutumes de la ville et septene de Bourges, de Dun-le-Roy, et du Pays de Berry* (1). C'est l'ouvrage de droit le plus ancien que nous possédions pour le Berry; malheureusement, c'est un ouvrage peu homogène. Il suffit de le parcourir pour constater qu'il s'est formé d'alluvions successives, et à travers le chassé-croisé des interpolations ou des intercalations d'articles, il est assez difficile de discerner le fonds primitif et de déterminer l'ordre et la date des additions qui l'ont mis dans l'état où La Thaumassière nous le livre. Il n'est pas aisé non plus de dire quand et par qui l'ouvrage a été commencé, quand et par qui il a été terminé. Sur toutes ces questions, La Thaumassière, dans sa préface, ne nous renseigne pas ou ne nous renseigne que d'une façon approximative. Voici au surplus ce qu'il dit :

« Ces anciennes Coutumes se trouvent manuscrites en plusieurs cabinets des curieux; j'en ay vû trois exemplaires, l'un chez feu M. Tullier, prevôt de Bourges, qui m'a été communiqué par M. Tullier, professeur ez Droits, son fils; l'autre chez feu M. Hemeré, conseiller au presidial; le troisième chez M. Catherinot, avocat du Roy, qui me l'a donné; elles ont

<hr>

(1) GASPARD THAUMAS DE LA THAUMASSIÈRE, écuyer, s. de Puy-Ferrand, avocat au Parlement, *Les anciennes et nouvelles Coutumes locales de Berry et celles de Lorris commentées*, à Bourges, chez Jean Toubeau, 1679, in-fº, p. 256 à 312. — Le texte de La Thaumassière a été reproduit par BOURDOT DE RICHEBOURG, *Coutumier général*, t. III, p. 875-904.

esté compilées par quelques anciens avocats, environ l'an mil trois cens, et augmentées en divers tems jusques en mil quatre cens cinquante; elles contiennent cent soixante-neuf chapitres. Elles sont en plusieurs articles diferentes des anciennes de Bourges commentées par Boërius, qui ont aussi été rédigées par quelqu'ancien avocat (1); elles ont néanmoins plusieurs articles semblables, que le compilateur de celles de Bourges a tirés de celles-cy (2) ».

Catherinot donne des renseignements plus précis, mais qui ne sont qu'hypothétiques et sur certains points (nous le verrons) inexacts : « Vers 1300 jusques en 1450 : Coutumes de Bourges en 169 articles. M. de la Thaumassière les a fait imprimer sur un MS. que je luy en ay fourni. Les premiers articles semblent avoir été rédigés par Pierre d'Argenton, avocat du roy à Bourges dez 1333, et les derniers par Pierre d'Estrées, aussi avocat du roy » (de 1433 à 1447) (3). C'est évidemment par conjecture que Catherinot donne ces deux noms, qu'on voudrait connaître de façon certaine. — Le dernier historien du Berry, M. de Raynal, qui s'intéressait d'une façon particulière aux questions juridiques, en sa qualité de magistrat, ne sait rien de plus sur l'histoire de cet énigmatique coutumier que ce qu'il a pu tirer de La Thaumassière et de Catherinot; il ajoute seulement quelques remarques judicieuses sur l'absence de méthode qu'on y rencontre et « qui s'explique par son mode de composition » (4). — Ne serait-il

----

(1) LA THAUMASSIÈRE donne le texte des Coutumes commentées par Boërius (NICOLAS BOHIER), *ibid.*, p. 313-330 (cpr. BOURDOT DE RICHEBOURG, *op. cit.*, p. 905-914). Elles comprennent 115 articles, répartis en XI *rubriches*. D'après Catherinot, elles auraient été compilées vers 1480; cfr. NICOLAS CATHERINOT, *Le droit de Berry*, plaq. in-4° de 12 p., Bourges, 15 juin 1682, p. 8. Le commentaire de Nicolas Bohier est de 1508. Bohier (ou Boyer), né à Montpellier en 1469, mort en 1539, fut successivement avocat et professeur à Bourges, conseiller au Grand Conseil, et président au Parlement de Bordeaux.

(2) LA THAUMASSIÈRE, *ibid.*, p. 255.

(3) CATHERINOT, *ibib.*, p. 6.

(4) Cfr. DE RAYNAL, *Hist. du Berry*, Bourges, 1845-1847, in-8°, t. III, p. 481-482. — On ignore également ce que sont devenus les trois manuscrits signalés par La Thaumassière. D'après une note ancienne écrite par une main inconnue sur l'exemplaire des *Coutumes locales* de La Thaumassière appartenant à M. Henri Mallard, avocat à Saint-Amand (cfr. *infrà*, n° 2, en note),

pas possible de tirer parti justement de ce défaut de méthode
pour préciser davantage? En examinant de près les 169 chapitres du Coutumier, la façon dont ils sont rédigés, l'ordre
dans lequel ils se suivent, les contradictions qu'ils recèlent,
les indications de dates que certains fournissent, ne pourrait-
on pas arriver à quelque résultat intéressant? C'est ce que
nous voudrions essayer de faire ici.

§ I. — Le Coutumier primitif.

2. — La première question à résoudre est celle de savoir
quelles sont les parties les plus anciennes du Coutumier. Sur ce
point, l'hésitation n'est guère permise. Les chapitres primitifs
du Coutumier sont évidemment ceux, en général très brefs,
qui commencent par cette formule archaïque : « La coustume
est telle, que... (1) », « La coustume de Bourges est telle
que... (2) », ou bien : « L'en garde par la coustume que... (3) »,
« L'en garde par la coustume de Bourges que... (4) », ou encore : « L'en garde (ou l'en tient) en Berry que... (5) », etc. —
Jusqu'au chapitre 110, il en est peu qui ne commencent par
l'une ou l'autre de ces formules, dont l'absence non motivée
permet de reconnaître les intercalations ultérieures (6). En-

le manuscrit de François Tullier, mort célibataire en 1726, « a passé depuis
chez M. Bonnet de Veau[lces]; son neveu », l'un des deux fils de sa sœur
Catherine. — Catherinot signale un quatrième manuscrit, découvert par lui
après l'édition donnée par La Thaumassière, et sur lequel nous reviendrons
(*infrà*, n° 4, *in fine*).

    (1) Cfr. chap. 2-8, 10-12, 19, 21, 53-54, 72-74, 81, 83, 87, 90, 100, 110.

    (2) Cfr. chap. 1, 49-50, 79-80, 82, 88, 96, 101, 105.

    (3) Cfr. chap. 13, 15-16, 18, 20, 22-23, 25-29, 31-38, 45, 56-57, 65, 68-70,
76. — Cette dernière formule est aussi celle des anciennes Coutumes de
Bourbonnais, publiées par BOURDOT DE RICHEBOURG, *ibid.*, p. 1193 et suiv.

    (4) Cfr. chap. 9, 14, 52, 55, 61, 75.

    (5) Cfr. chap. 42, 43, 46, 58-59, 62-64, 71.

    (6) C'était aussi l'avis de CATHERINOT, qui en marge de son exemplaire des
Coutumes locales de LA THAUMASSIÈRE, en face du titre même du Coutumier,
p. 256 a écrit à l'encre : « Les premiers chapitres sont plus anciens que les
autres ». — Cet exemplaire de Catherinot, après avoir appartenu à François
Robertet, procureur au présidial de Bourges avant la Révolution, puis à son
fils Florimond Robertet, maire de Saint-Amand (Cher) de 1832 à 1848, est
aujourd'hui possédé par l'arrière-petit-fils de ce dernier, M. Henri Mallard,
docteur en droit et avocat à Saint-Amand, qui me l'a obligeamment communiqué.

suite, les chapitres deviennent beaucoup plus longs : ils constituent quelquefois de petits traités distincts, ou des notes de procès ; et c'est par hasard qu'on y rencontre la formule archaïque : « La coutume est telle, que... », etc. Elle signale alors, soit des articles du Coutumier primitif déplacés dans la compilation finale, soit de simples citations de ces articles insérées à travers un mémoire ou un *nota* quelconque. Il faut ajouter comme chapitres primitifs certains articles qui mentionnent des privilèges des habitants de Bourges ou de Dun-le-Roy (1), ou constatent un état de choses qui a disparu par la suite (2), ou sont connexes à d'autres certainement anciens (3).

On arrive ainsi à cette conclusion que sur les 82 premiers chapitres de l'édition donnée par La Thaumassière, il y en a très peu qui aient été intercalés (4), très peu aussi qui aient été interpolés, le plus souvent à l'aide d'une très courte note ou d'un simple renvoi à d'autres textes (5); par exception, le chapitre 62 a été l'objet d'une série de gloses. A partir du chapitre 83 jusqu'au chapitre 110, les intercalations se font plus fréquentes (6) et les interpolations plus longues (7). Enfin, à partir du chapitre 110, on peut dire qu'à part une demi-douzaine d'articles pouvant appartenir au fonds primitif et qui émergent çà et là à travers de copieux commentaires (8), on n'a plus affaire qu'à l'œuvre des derniers compilateurs. Je crois donc pouvoir estimer à une centaine environ le nombre des chapitres primitifs, formant à peu près par l'étendue matérielle la moitié du texte actuel (9).

3. — A quelle *date* maintenant remonte le Coutumier primitif? Quelques synchronismes permettent de fixer une date assez

(1) Cfr. chap. 24, 51, 66, 67.

(2) Cfr. chap. 17, 30, 52, 60, et peut-être 77 (moins trois mots; cfr. *infrà*, n° 5).

(3) Cfr. par exemple les chap. 89, 91, 92.

(4) Ont été très certainement intercalés les chapitres 39-41, 44, 78.

(5) Cfr. les chap. 3, 4, 9, 24, 42, 46, 53, 55, 63, 72, 73, 74, 81, 82.

(6) Paraissent intercalés les chap. 84-86, 93, 97, 103, 104, 106-109.

(7) Sont interpolés longuement les chap. 87, 105, 110.

(8) Cfr. chap. 137, 144 (§ 1, 3, 4, 7, 8), 145 (début).

(9) Savoir les chap. 1-38, 42-43, 45-61, 62 en partie, 63-76, 77 (?), 79-82, 86 (?), 87 en partie, 88-92, 94-96, 98-102, 105 en partie, 110 en partie, 111 (?), 137, 144 en partie, 145 en partie : soit 98 chap. — Peut-être faut-il ajouter les chap. 93, 97, 106-107, ce qui donnerait 102 chapitres au maximum.

précise. Plusieurs chapitres primitifs en effet (sans compter le titre lui-même) mentionnent des usages ou des privilèges des habitants de Dun-le-Roy (1) en termes qui dénotent clairement que la ville faisait alors partie du domaine royal (2). Or, on sait que Philippe le Bel avait en 1313 cédé Dun-le-Roy à Henri de Sully, seigneur de la Chapelle et des Aix-Dam-Gilon, de Boisbelle, Orval, Montrond, et autres lieux, en échange de la seigneurie de Château-Renard. Ce n'est que le 31 août 1322 que sur la réclamation des habitants, Charles le Bel révoqua l'échange et réunit pour la seconde fois Dun-le-Roy au domaine royal (3). Le Coutumier a donc dû être rédigé soit avant 1313, soit après 1322.

D'autre part, il résulte de trois autres chapitres primitifs, qu'à l'époque de leur rédaction le Nivernais faisait partie non seulement du bailliage de Bourges, mais encore du domaine royal. On lit en effet aux chapitres 2 et 58, relatifs tous les deux au douaire des femmes : « ... Et ce est gardé en toute la baillie de Bourges, excepté Nivernois et les 'fiefs », « L'en garde en Berry, excepté Nivernois et les fiefs », « Et en la contrée (*lisez :* comtée) de Nevers, veulent dire que ... » (4). Le chapitre 17 de son côté est ainsi conçu : « Le roy a regalle à Bourges et faict les fruicts siens, le siège vaccant, et n'en a point à Nevers » (5). Pourquoi cette mention du Nivernais et de la ville de Nevers? Ce ne peut être simplement parce que le bailliage de Bourges les englobait ; car il englobait alors beaucoup d'autres fiefs ayant des coutumes particulières, auxquelles il n'est fait aucune allusion (6). Le rédacteur du Coutumier primitif en effet n'avait pas à en parler, son but étant simple-

(1) Cfr. chap, 1, 4, 6, 8, 51, 66.

(2) Cfr. surtout chap. 4 et 66.

(3) Cfr. CATHERINOT, *Le diplomataire de Berry*, Bourges, 20 sept. 1683, in-4º, p. 4 ; — LA THAUMASSIÈRE, *ibid.*, p. 371 et 459 ; — DE RAYNAL, *op. cit.*, t. II, p. 375.

(4) Cfr. chap. 2 et 58, *ibid.*, p. 257 et 269.

(5) *Ibid.*, p. 260.

(6) Par exception, on trouve aux chap. 21 et 46 (certainement primitifs) deux renvois à la coutume de *Bourbonnais*, à propos de la succession « par lits » ; mais la façon maladroite dont ces renvois sont faits indique une interpolation. L'usage bourbonnais visé existait encore en 1500 (*Anc. cout. de Bourbonnais*, réd. en 1493 et publiées en 1500, titre XII, art. 5); il fut abrogé lors de la

ment de rassembler « les Coutumes de Bourges, Dun-le-Roy, et pays de Berry », c'est-à-dire de deux villes royales et de la partie du Berry soumise à la domination immédiate du roi, « de la Terre du roy », comme il dit quelque part (1). S'il juge à propos de parler du Nivernais, c'est donc qu'à l'époque où il écrit le Nivernais faisait partie du domaine, et par suite qu'il était nécessaire d'indiquer que sa coutume était divergente pour qu'on ne fût pas tenté de lui étendre la coutume suivie dans le reste des possessions royales.

Or cette situation s'est réalisée de 1311 à 1316 et de rechef en 1317. On sait en effet qu'à l'occasion de la guerre de Flandre, Philippe le Bel, pour se venger du comte Robert de Flandre, avait fait prononcer par le Parlement la *commise* du comté de Nevers, dont jouissait son fils, Louis de Flandre, qui le tenait de sa mère. Il est fait plusieurs fois allusion à cette commise dans les *Olim*, en 1314 sous Philippe le Bel (2), en 1315 sous Louis X le Hutin (3). Ce dernier rendit le comté à Louis de Flandre qui en était en possession en mai 1316 (4). Philippe le Long le saisit de nouveau. En juin 1317, il l'avait en sa main, et un arrêt du Parlement prononçait contre Louis de Flandre, « qui se dit comte de Nevers », diverses condamnations (5). Mais Louis de Flandre « se purgea envers le roi », qui le reçut à hommage le 13 septembre 1317, et lui donna main-levée de la saisie (6). Si donc, comme nous le pensons,

rédaction des *Nouvelles Coutumes*, publiées en 1521 (art. 300). Le chapitre 120 (qui est récent) contient un troisième renvoi au Bourbonnais, où il y a, dit-il, des cens qui doivent être payés à jour fixe, sous peine d'amende : c'est une allusion à la Coutume locale de la châtellenie de Verneuil, où en effet le défaut de paiement au jour dit entraînait une amende de 7 sols tournois (*Anc. Cout. de Bourb.*, titre III, art. 2 ; *Cout. locale de Verneuil* (1521), art. 2).

(1) Cfr. chap. 24.

(2) Cfr. *Olim*, éd. Beugnot, t. III, p. 891, LX, enquête du mardi *post Quasimodo* (16 avril) 1314.

(3) Cfr. *ibid.*, t. III, p. 949, XV, enquête du samedi *post Epiphaniam* (10 janvier) 1315 ; et t. II, p. 616, V, arrêt du jeudi *ante Letare Jherusalem* (27 février) 1315.

(4) Cfr. ordonnance de mai 1316, dans les *Ord.*, t. XI, p. 441 et suiv., où Louis X appelle Louis de Flandre « dilectus et fidelis noster comes Nivernensis ».

(5) Cfr. *Olim*, t. III, p. 1138-1140, enquête du samedi 11 juin 1317.

(6) Cfr. GUY COQUILLE, *Histoire de Nivernois*, dans ses *OEuvres*, Paris, 1666, in-f°, t. I, p. 424.

l'auteur du Coutumier primitif a écrit pendant que le comté de Nevers était en la main du roi, et si d'un autre côté il a écrit à une époque où Dun-le-Roy faisait partie du domaine royal, il n'y a que l'intervalle compris entre 1311 et 1313 qui satisfasse à cette double condition ; c'est donc à l'année 1312 environ qu'il faut fixer la composition de son œuvre.

4. — Quant à l'*auteur* lui-même, il est difficile de découvrir sa personnalité. Tout ce qu'on peut en dire, c'est que vraisemblablement il était officier du roi. Il ne manque en effet aucune occasion de signaler les droits du roi ou de faire connaître les prétentions des gens du roi. A plusieurs reprises, il emploie cette formule : « L'en garde par coustume, et de ce est le roi en saisine (1) », ou cette autre : « Car ainsi le veulent maintenir les gens du roy (2) ». Catherinot a pensé que l'auteur était peut-être un de ces « gens du roi », et c'est pour cela qu'il a mis en avant le nom de Pierre d'Argenton, avocat du roi vers 1333 (3). Mais, outre que les dates ne concordent guère, il nous semble que la façon impersonnelle dont l'auteur parle des « gens du roi », conduit à penser qu'il ne l'était pas lui-même, tout en étant officier du roi. On pourrait songer par suite (ce n'est là qu'une hypothèse), soit à *Guillaume de Dicy*, qui fut bailli de Bourges en 1310, 1315, 1318, et chargé à ce titre d'administrer le comté de Nevers saisi en 1317 (4); soit plutôt à *Guillaume Pelourde,* qui était son lieutenant en 1315, et qui appartenait à une vieille famille de Bourges (5), tandis que Guillaume de Dicy était étranger au Berry (6).

(1) Cfr. chap. 13, 18, 19, 25, 26, 27.

(2) Cfr. chap. 4, 16.

(3) Catherinot, *loc. cit.*, p. 6. — Il n'est pas inutile de faire observer que Catherinot était lui-même *avocat du roi* au présidial de Bourges, et assez enclin à rehausser sa fonction; cfr. son mémoire : *Les avocats du roy, Conseillers*, in-4º de 8 p., s. l. n. d.

(4) Catherinot, *Annales thémistiques*, Bourges, 9 août 1684, in-4º, p. 2.

(5) Cfr. La Thaumassière, *Histoire de Berry*, Bourges, F. Toubeau, 1689, in-fº, p. 48 et 49. — *Pelourde* (alias *Pellorde*) portait « de gueules à l'aigle éployée d'or, accompagnée de quatre croix recroisettées de même, au pied fiché, deux en chef et deux en pointe » (*ibid.*, p. 944).

(6) *G. de Dicy* (alias Dyci ou Dycy) paraît avoir été originaire du Senonais. Il faut probablement l'identifier avec ce *Guillelmus de Dyciaco,* qui au début du xivº siècle, dans le ressort de la prévôté de Villeneuve-le-Roy (près Sens), avait épousé Béatrix, veuve d'Egidius Haudry, et longtemps habité avec elle

Des considérations qui précèdent, nous croyons pouvoir conclure que le Coutumier primitif contenait une centaine des chapitres du Coutumier actuel, qu'il a été rédigé vers 1312, et qu'il a eu pour auteur un officier du roi, bien au courant des usages de Bourges, tel que devait l'être Guillaume Pelourde. Tout cela nous semble en harmonie avec cette remarque de Catherinot, rencontrée fortuitement dans son traité de la *Régale universelle* : « L'ancienne Coutume de Bourges redigée quant à la premiere partie, vers 1300, ... fut imprimée sur mes manuscrits en 1679 chez le S. Toubeau à Bourges, [par M. de la Thaumassiere]. *De cette même Coutume, i'ay depuis trouvé un manuscrit fort authentique, en parchemin, écrit vers 1310, qui contient les 80 premiers articles* (1). » Il nous paraît plus que probable que l'actif fouilleur qu'était Catherinot avait réussi à mettre la main sur le manuscrit original (2).

§ II. — Les interpolations subséquentes.

5. — Le Coutumier primitif ne resta pas longtemps sans être interpolé. Il est impossible de savoir le nombre des interpola-

au même lieu ; en 1315, devenu veuf, il soutenait au Parlement contre Jean Haudry, tuteur des enfants d'Egidius et de Béatrix, un très intéressant procès relaté aux *Olim* (t. III, p. 1010-1012). A la même époque, *Johannes de Dicy* était maire de Sens ; par sa déplorable administration, il fournit au roi l'occasion de supprimer en 1318 la commune de Sens (*Olim*, t. II, p. 651). Le bailli de Berry était peut-être fils ou frère de ce *Petrus de Dyciaco*, alias *Pierre de Dicy*, qui fut prévôt de Paris en 1306 (*ibid.*, t. III, p. 164), juge mage de Périgord en 1307 (*ibid.*, p. 271), *magister Parlamenti* de 1310 à 1318 au moins (*ibid.*, t. III, p. 610, 708, t. II, p. 626, 634, 660; Langlois, *Textes relatifs au Parlement*, Paris, 1888, in-8°, p. 179, 180, 198). Selon toute vraisemblance, lui-même en 1336 remplissait cette dernière fonction, et siégeait parmi les « lays » de la Chambre des enquêtes (Guilhiermoz, *Enquêtes et procès*, Paris, 1892, in-4°, p. 639).

(1) Catherinot, *La Régale universelle*, Bourges, 13 nov. 1683, in-4°, p. 3.

(2) Quand Catherinot dit « les 80 *premiers* articles », il veut dire évidemment que son manuscrit contenait en tout 80 articles, mais non pas nécessairement les 80 premiers articles du Coutumier imprimé; car il est certain que les chapitres 39-41, 44, 78 ont été intercalés, peut-être aussi 77. — En admettant que quelques chapitres aient pu être joints ensemble dans le manuscrit de Catherinot, on se rapproche, on le voit, du chiffre déduit de l'étude interne du texte. Quant à la date, elle concorde autant que possible avec celle qui se dégage des faits.

teurs, et la date des interpolations successives. On peut toutefois dire que les interpolations furent assez rares au xive siècle, qu'elles devinrent plus nombreuses à partir du xve, et qu'elles continuèrent jusqu'à l'année 1433, époque à laquelle, à notre avis, elles s'arrêtèrent.

Parmi celles dont il est possible de fixer la date approximative, il faut signaler d'abord celle du chapitre 24. Ce chapitre débute ainsi : « Le jugement en la Terre du roy se faict à Bourges par les bourgeois, tant en cas civil comme en cas criminel, et ne peut l'en appeller de leur jugement, fors que au Parlement. » Si l'on compare ce texte à celui du chapitre 67, qui traite de la même matière, on reste convaincu que la phrase primitive s'arrêtait là. C'est donc un interpolateur qui a ajouté ces mots : « et à Cenquoins et à sainct Pere le Monstier, se ce sont les prevost, et en assise par devant le bailly ; et quand l'en appelle du jugement du prevost au Parlement, la court le renvoye au bailly » (1). Et en effet, à l'époque où fut rédigé le Coutumier primitif, il n'y avait pas encore de bailly, mais seulement un prévôt, à Saint-Pierre-le-Moûtier. La situation à laquelle se réfère l'interpolateur n'a pris naissance qu'après la création par Jean le Bon, en octobre 1360, du duché de Berry, au profit de son fils Jean. La donation comprenait « toute la baillie et ressort de Bourges (2) » ; mais les églises et abbayes placées sous la sauvegarde royale demandèrent qu'on leur assignât une juridiction indépendante du duché de Berry, pour y porter leurs causes et y défendre leurs privilèges. Le roi Jean érigea alors en bailliage la prévôté de Saint-Pierre-le-Moûtier, qui faisait partie auparavant du bailliage de Bourges, fixa à Sancoins l'un des sièges particuliers du nouveau bailli, et déclara, par lettres patentes datées de Paris, au mois de mars 1361, que ces deux villes ne seraient pas comprises dans le don fait à son fils. C'est à ce moment que fut attribuée au bailli de Saint-Pierre-le-Moûtier et au siège de Sancoins la juridiction sur les *exempts* de la province (3). C'est au même

----

(1) Cfr. chap. 24 et 67, dans LA THAUMASSIÈRE, *Cout. locales, op. cit.*, p. 262 et 272.

(2) P. ANSELME, *Hist. généalog.*, t. III, p. 209.

(3) Cfr. DE RAYNAL, *op. cit.*, t. I, p. LXIII, et t. II, p. 379. — Cfr. PAUL VIOLLET, *Hist. des institutions polit. et administrat. de la France*, Paris, in-8°, t. II (1898), p. 158-160.

bailli et au même siège qu'on devait appeler des jugements rendus par le prévôt de Bourges, comme le dit l'interpolateur du chapitre 24. A Bourges d'ailleurs, le bailli ne tarda pas à être remplacé par un sénéchal dépendant uniquement du duc (1374) (1).

De même, le chapitre 78, intitulé « *Autre ordonnance de bourgeoisie* », et qui vient après un chapitre 77 où se trouve résumée l'ordonnance de Philippe le Bel de 1302, n'a pu être intercalé qu'après 1376 (2). Il commence en effet par ces mots : « Mais *à présent* l'en use autrement... », et le système qu'il décrit rappelle de très près l'édit de Paris du 27 août 1376, qui à vrai dire concernait seulement les bourgeoisies du Languedoc, mais qui a pu s'étendre ensuite, avec quelques variantes, aux autres parties du domaine (3). Cela est d'autant plus vraisemblable que l'ordonnance de 1302 avait été confirmée purement et simplement par Charles V en 1367 et 1371 (4).

De même encore, le chapitre 134 sur la vente « de sel non gabellée », où il est dit que « ladicte sel sera confisquée au roy », que le vendeur « sera en la mercy du roy », et que la moitié de la prise doit appartenir « aux accenseurs qui tiennent ledict sel et qui l'accensent aux gens du roy », suppose le monopole de la gabelle complètement établi. Or ce n'est guère qu'au milieu du xve siècle que l'établissement définitif eut lieu en Languedoïl (5). De plus la double pénalité prononcée par le Coutumier et le partage du produit de la prise entre le roi et le marchand semblent bien procéder des deux ordonnances de 1373 et 1379 qui organisent un système analogue (6).

---

(1) Cfr. DE RAYNAL, *ibid.*, t. II, p. 404.

(2) Dans le chap. 77 lui-même, qui paraît primitif, se trouvent trois mots qui ne peuvent pas l'être. Après le nom de Philippe le Bel, on lit en effet : « *que Dieu absoule* » : cela suppose le roi mort, et par suite, les mots en question n'ont pu être ajoutés, probablement par l'auteur lui-même, qu'après le 29 novembre 1314.

(3) Ord. de 1376, dans *Ord.*, t. VI, p. 214 et suiv.

(4) Ord. du 20 juillet 1367 (art. 13) et du 24 août 1371, dans *Ord.*, t. V, p. 22, et t. VI, p. 70.

(5) Cfr. ESMEIN, *Hist. du droit français*, Paris, 3e éd., 1898, in-8°, p. 570.

(6) Cfr. ord. du 24 janvier 1372 (a. st.), art. 11, 12, et ord. du 21 novembre 1379, art. 29, 30 (dans *Ord.*, t. V, p. 576; t. VI, p. 442).

Quant aux chapitres 125-126, relatifs à la façon dont les boulangers doivent faire et vendre la « miche blanche » et aux pénalités qu'ils encourent quand ils sont « trouvez en faulte », c'est toujours à la même époque, c'est-à-dire à la fin du règne de Charles V, qu'ils se réfèrent. Tous les deux en effet renvoient à « des Ordonnances anciennes sur ce faictes », qui ne sont pas autrement spécifiées; mais le texte du chapitre 126 rappelle de trop près l'article 5 de l'ordonnance rendue en janvier 1351 (n. st.) par Jean le Bon, après des expériences préliminaires sur le rendement du blé en pain, pour que ce ne soit pas là « les anciennes Ordonnances sur ce faictes » (1). Il est vrai que l'ordonnance de 1351 concernait spécialement Paris; mais son extension dans le domaine royal, *mutatis mutandis*, n'a rien de surprenant. Le chapitre 125 se termine ainsi : « Et de cecy a esté faict la preuve et experiment plusieurs fois par les anciens bourgois de Bourges, et depuis *nouvellement* aussi ». Il est probable que les expériences des anciens bourgeois de Bourges coïncidèrent avec l'ordonnance de 1351. Quant à celles qui ont été *nouvellement* faites, elles ont dû être provoquées par l'ordonnance rendue par Charles V, pour Paris, le 20 avril 1372, ordonnance enjoignant précisément de faire de nouveaux essais destinés à établir une nouvelle échelle pour le prix du pain (2). Cette ordonnance fut suivie à bref délai d'édits ou de règlements locaux fixant le prix du pain selon la valeur du blé, notamment à Paris et à Arras (3). Le chapitre 125 nous autorise à dire que ce qui s'est passé à Paris et à Arras, s'est aussi passé à Bourges.

(1) Voici les deux textes : 1° *Ord.* du 30 janv. 1350, art. 5 : « ... Et s'ils le trouvent de moindre poix qu'il ne doit estre par ladite ordonnance, ils donneront pour Dieu la fournée dudit pain, soit blanc ou bis, sans nul y espargner; c'est à sçavoir, la moitié aux pauvres de l'Hostel-Dieu, et l'autre moitié aux pauvres aveugles des Quinze-Vingts, ou là où ils verront qu'il sera le mieux employé. Et avec ce le boulanger... sera condamné en soixante sols d'amende, etc. »; — 2° chap. 126 du *Coutumier :* « ... Et à chascune fois le pain donné; c'est assavoir toute la fournée entière; et en doit l'en donner le tiers aux ladres et le tiers à la Maison-Dieu et l'autre tiers où l'on sçaura le mieux employé, et ainsi le pourtent les Ordonnances anciennes sur ce faictes; ... mais le prevost aura l'amende telle que sera ».

(2) Ord. du 20 avril 1372, dans les *Ord.*, t. V, p. 499.

(3) Edit de juillet 1372, *ibid.*, p. 499, pour Paris; — Edit d'août 1372, *ibid.*, p. 508, pour Arras.

Tout ce qui précède donne l'impression que ces différentes ordonnances de Charles V, modifiées et adaptées au Berry, ont été insérées au Coutumier vers l'année 1380, très probablement après la tenue des Grands Jours de Bourges en 1379. On sait en effet que dans cette tenue le duc Jean promulgua pour son duché un certain nombre d'ordonnances (1). Il y aurait là, à notre avis, une première « couche » d'interpolations, destinées à mettre le Coutumier en harmonie avec le droit nouveau.

6. — Outre ces interpolations, dont le fond est emprunté à des ordonnances royales, il y en a d'autres, plus récentes, qui proviennent de divers ouvrages relatifs à l'ancien droit du Berry. Ces ouvrages ne nous sont pas parvenus, mais leur existence en manuscrit est attestée par Catherinot, dans son *Droit de Berry*. Catherinot indique leurs titres, mentionne une partie de leur contenu, et leur donne à tous cette date approximative « vers 1400 ». Tels étaient dans l'ordre même où il les cite (2) :

(1) Cfr. CATHERINOT, *Le droit de Berry*, op. cit., p. 6 : « 1379. Ordonnances de Jean de France, duc de Berry, aux Grands Jours de Bourges, MS. en 71 articles. »

(2) Auparavant, Catherinot cite l'ouvrage suivant : « Vers 1400. Declaration des Fiefs de la Coutume de France par altercations ou demandes et réponses en 45 articles ». C'est l'ouvrage publié par LA THAUMASSIÈRE, *Cout. locales*, op. cit., p. 344-353, sous ce titre : « *C'est la declaration des fiefs selon la Coustume de France*, tirée du manuscrit de M. Tullier, docteur ez droits de l'Université de Bourges ». Comme ce titre même l'indique, ce n'est pas un coutumier de Berry, mais un coutumier de « France ». Il n'avait donc aucun droit à figurer dans l'énumération de Catherinot et dans la publication de La Thaumassière. On est moins surpris de le retrouver dans le *Grand Coutumier de France* dit de Jacques d'Ableiges, qui l'a reproduit en tête de son chapitre intitulé : « Des coustumes des fiefs » (Livre II, chap. 27, éd. Laboulaye, Paris, 1868, in-8°, p. 290-303); mais, tandis que La Thaumassière nous donne le texte original où chaque chapitre commence par ces mots : « Le roy demande au coustumier... », et continue ainsi : « Le coustumier repond... », les éditions imprimées du *Grand Coutumier* nous donnent un texte modernisé, parfois incompréhensible, et souvent très altéré : par exemple, les chap. 7 et 19 sont omis; les chap. 26, 36, 39, complètement dénaturés. Après le chap. 39, la concordance cesse entre le texte de La Thaumassière et celui du *Grand Coutumier*. Cela tient sans doute à ce que les chap. 41-45 publiés par La Thaumassière ne faisaient pas partie de l'ouvrage primitif : ils sont rédigés tout autrement, et ont dû être ajoutés après coup sur le manuscrit de Bourges. Une édition plus récente de la *Declaration des fiefs* a été donnée par M. BORDIER, dans la *Biblioth. de l'Ecole*

« 1° Le *Cas de Plait* ou la maniere de plaider devant le bailly
de Berry et le prevôt de Bourges, MS. en 167 articles : le
27 est de trois garents en action réelle; le 30 qu'en retrait n'y
a qu'un accordement (1); le 38 de plait contre le procureur du
roy; le 50 de redevance payée et non dûë; le 54 de mal jugé
revocable pour cause; le 70 de redevance payée par ignorance;
le 93 de lettres perduës et grossoyées; le 105 de cas criminel
jugé par les bourgeois, dont appel; le 128 de la dixme de terres envignées et de vignes enterrées; le 155 de vol fait en
maison de brelandier, etc.; — 2° *Stile de Cour d'Eglise*, MS.
en 14 articles; — 3° *Notas* ou Remarques de barreau, MS.
en 41 articles : le 1 est de vente de gages; le 2 des trois per-
sonnes en jugement; le 3 des cas de nouvelleté; le 4 de matiere possessoire, etc. Mais le 22 dit que le juge qui se fait un
delice de condamner un criminel devient homicide; et le 25
que le cens reçu avant les accordemens, ne les fait perdre; —
4° *Memoires* de pratique, MS. en 61 articles : le 8 est de
succéder à sa femme; le 24 du prêt en denrées; le 38 d'amande
de partie à partie taxée par les bourgeois; le 42 de répi et de
quinquenelle; le 52 de dixme venduë avec retention d'heritages
francs de dixmes; le 54 que tout labourage garend de l'ad-
cense; le 56 de démolitions défenduës en emphyteose » (2). —
Ces divers monuments perdus ont laissé des vestiges dans les
interpolations du vieux Coutumier qui nous occupe.

On trouve d'abord à la fin de divers chapitres des renvois
très nets au *Cas de plait,* renvois qui nous font connaître le
contenu de quatre articles nouveaux à ajouter aux dix signalés par Catherinot. On lit en effet à la fin du chapitre 9, relatif
à *La maniere comment on souloit faire recreance,* ces mots :
« De ladicte recreance trouverez la maniere de proceder au
long ez *Cas de plaidz* ez 39 et 79 articles » (3); — à la fin du

---

des *chartes*, 2° série, t. V, p. 45 et suiv., d'après un *ms* de la Biblioth. na-
tionale; mais elle reste encore inférieure à celle de La Thaumassière, que
M. Bordier ne semble pas avoir connue.

(1) On appelait en Berry *accordement* ou *accorde* le droit de mutation relatif aux censives qu'on appelait ailleurs « lods et ventes ».

(2) CATHERINOT, *op. cit.*, p. 7.

(3) Cette indication est corroborée par celle qui termine le chap. 159, un
des plus récents : « *Nota,* que de ladicte recreance vous trouverez comment

chapitre 55, à propos de l'action en revendication : « Et de ceste action trouverez plus avant ez *Cas de plait*, au LXXVII article, où il parle au long de la matiere de Reivendicacion (1) » ; — à la fin du chapitre 150, qui concerne la subhastation : « *Verte* aux [*Cas*] *de Plait* à CXVI article, où il parle de subhastacion » (2). — Au *Stile de Cour d'Eglise*, il n'est fait qu'une allusion, mais elle est également claire. Au chapitre 156, après avoir exposé que, « par le stile et coustume que l'en garde en court laye », une personne excommuniée n'est recevable à faire aucune demande contre celle qui l'a excommuniée, le texte ajoute : « Item, le stile est aultre en la court de l'official ; ... et est tel le *Stile de Court d'Esglise* » (3).

Nous n'avons là jusqu'à présent que de simples renvois ; mais pour les autres manuscrits, *Notas* et *Memoires*, signalés par Catherinot, il semble bien y avoir eu de véritables emprunts de textes. — Pour les *Notas* d'abord, on trouve dans le Coutumier 27 alinéas précédés de ces mots : « Et *nota* », « Item *nota* ». Cinq de ces *Notas* amorcent simplement des renvois, et peuvent être laissés de côté ; mais les vingt-deux autres sont des gloses intercalées dans le texte primitif pour le commenter ou le compléter (4). Ces derniers, selon toute vraisemblance, proviennent du manuscrit cité par Catherinot ; tout le chapitre 166 par exemple, qui pose une question et la résout, semble bien n'en être qu'un extrait. Nous n'en pouvons malheureusement pas fournir la preuve directe (5). —

elle se doibt exécuter ez *Cas de Plait*, ou soixante-dix-neuviesme article » (LA THAUMASSIÈRE, *ibid.*, p. 304).

(1) Indication corroborée par celle qui termine le chap. 131 : « ... et de ceste trouverez au long *in Reivendicacione* au LXXVII article de *Cas de Plait*. »

(2) Outre ces renvois, il y dans le Coutumier deux chapitres (récents), les chap. 128 et 165, qui débutent ainsi : « Ung cas est que;.. », « Item, ung cas est tel », et qui supposent tous les deux des procès, par conséquent des « cas de plait » : faut-il y voir des emprunts faits au manuscrit qui portait ce titre ? Nous l'ignorons. Il faut remarquer en tout cas que le chap. 165, parlant de « *feu* Mgr le duc de Berry », n'a pu être inséré au Coutumier qu'après la mort de ce prince, arrivée le 15 juin 1416.

(3) Il y a eu en 1431 un autre « *Stile de la Juridiction ecclesiastique* de Bourges, fait par ordre de M. d'Avaugour, archevêque » (CATHERINOT, *ibid.*).

(4) Cfr. les chap. 3, 4, 62 (quatre *notas*), 105 (deux), 108, 110, 124, 144 (trois), 150, 155, 158 (quatre), 160, 166.

(5) L'usage de ces *Notas* était assez habituel au xv⁰ siècle. Cfr. ceux

Cette preuve existe au contraire pour les *Memoires* de pratique. Le chapitre 154 en effet se termine ainsi : « Car l'en dict
et est vray, que necessité n'a point de loy, et ou *Livre des Memoires* ensuivant est declairé comment *il* se doit bailler » ; *il* se
rapporte à « l'heritaige que pere ou mere baillent à leur fille en
mariaige (*dot*), sur condicion qu'elle ne le puisse vendre ». Il
est donc démontré que l'un des interpolateurs du Coutumier
s'est servi des *Mémoires* de pratique, et alors il n'est pas in-
vraisemblable de penser que c'est de ce manuscrit qu'il a extrait les chapitres 112-113-114, qui ont trait tous les trois
aux rentes perpétuelles, les chapitres 118 à 124, qui forment
une sorte de traité des matières féodales et censuelles, le chapitre 132, qui détermine les droits des veuves restées en communauté avec leurs enfants, et le chapitre 135, où il est question des ajournements en cas d'assurement, chapitres qui
débutent par ces mots significatifs : « *Memoire* que... ».

Nous ne saurions dire en revanche à quel document ont été
empruntés : 1° les trois chapitres de procédure, si maladroite-
ment intercalés entre le chapitre 38, qui traite de la règle « Le
mort saisit le vif », et le chapitre 42, qui examine, à propos
du douaire, si une haute forêt peut être réputée meuble ; —
2° les trois chapitres sur les témoignages, non moins mala-
droitement intercalés entre les chapitres 82 et 86, relatifs tous
les deux au droit des gens mariés et qui paraissent se sui-
vre (1). Le chapitre 103 : *De office de sergent*, est extrait du
chapitre XI d'un recueil publié par La Thaumassière et intitulé : « *Les Coustumes des amendes* que le prevost de Bourges
a accoutumées de prendre et lever, quant les cas y adviennent
en son office (2) ». Catherinot donne à cette compilation la date
approximative de 1400 (3); mais cette date est certainement

qu'ont publiés MM. VIOLLET, *Établ. de saint Louis*, t. III, p. 213 et suiv., et
PLANIOL, *La très ancienne Cout. de Bretagne*, Rennes, 1896, in-8°, p. 504 et
suiv.

(1) Ces chapitres proviennent peut-être d'un *Stille de la court du prevost de
Bourges*, auquel semble faire allusion le début du chap. 83 : « La Coustume
et Stille aussi de la court du prevost de Bourges, est telle... ». Cfr. chap. 145 :
«... par la Coustume et stile de ladicte cour et auditoire de Bourges ».

(2) Cfr. LA THAUMASSIÈRE, *ibid.*, p. 334 à 343. Les *Coustumes des amendes*
comprennent 50 chap. sans rubriques.

(3) Cfr. CATHERINOT, *op. cit.*, p. 6-7 : « Vers 1400. Coutumes des amendes

inexacte. Il est en effet question dans plusieurs articles du bailli de Berry; or cette fonction, supprimée sous le règne du duc Jean, n'a été rétablie qu'en 1417 (1). Il y a donc tout lieu de croire *Les Coustumes des amendes* postérieures à cette date; elles pourraient être de 1420 environ. En tout cas, elles sont antérieures à février 1433; car une glose, ajoutée précisément à notre chapitre XI, mentionne un jugement rendu à cette époque.

§ III. — L'annotateur final : Jehan de la Loë.

7. — C'est à cette même année 1433 qu'ont dû s'arrêter les remaniements apportés au Coutumier du pays de Berry. Un dernier groupe d'interpolations, qui offrent sur les précédentes le double avantage de porter leur date avec elles et de ne pas demeurer anonymes, va nous permettre de le démontrer d'une façon à peu près certaine. Ces interpolations relatent un certain nombre de jugements ou d'enquêtes par turbes qui s'échelonnent de septembre 1430 à août 1433 (2). L'annotateur rapproche ces jugements ou ces enquêtes des décisions contenues dans le Coutumier, en les annonçant généralement sous cette forme : « Et ceste coustume a esté prouvée... (3) », ou : « Et ainsi l'ay veu juger (ou prouver)... (4), quelquefois : « On a veu le contraire... (5) » L'annotateur a presque toujours soin de donner le nom des parties en cause et même des commissaires chargés de l'enquête; de là un aspect très particulier de ses interpolations, qui permet de lui en attribuer exactement vingt-deux (6). A partir du chapitre 86, il se met

levables et prenables par le Prevôt de Bourges, au tems que la Prevôté étoit en ferme et non en garde; ce qui étoit pour lors aussi honteux à la France, que l'est à present la vente des charges, et principalement de judicature, etc. ». — La prévôté ne fut donnée en garde à Bourges qu'en 1471 (LA THAUMASSIÈRE, *ibid.*, p. 335).

(1) LA THAUMASSIÈRE, *Hist. de Berry, op. cit.*, p. 46.

(2) Voici les dates : sept. 1430, 1431 (sept fois), 1432 (deux fois), 2 avril 1432, 15 juillet 1432, janvier 1433 (n. st.), février 1433 (deux fois), août 1433.

(3) Cfr. chap. 62, 81, 82, 105, 145.

(4) Cfr. chap. 86, 89, 105, 107, 137, 145, 149, 156, 158, 160, 168.

(5) Cfr. chap. 118, 158.

(6) Voir à l'appendice. — On peut y joindre quatre gloses de même forme insérées dans les *Coustumes des amendes*, dont il a été question ci-dessus..

volontiers en scène; auparavant il avait au contraire employé la forme impersonnelle. Grâce à cette particularité, il nous a été possible de retrouver son nom qui avait échappé, chose singulière, à l'éditeur du Coutumier, La Thaumassière, ainsi qu'à Catherinot, qui a cru qu'il s'agissait de l'avocat du roi Pierre d'Estrées. Il s'agit en réalité de *Jehan de la Loë*.

C'est ce qui résulte invinciblement du rapprochement des deux passages suivants. Au chapitre 82, après avoir dit que les maris peuvent être poursuivis en justice pour les dettes de leurs femmes, l'annotateur ajoute : « Et ainsi l'a prouvé *Jehan de la Loë* par tourbe contre Palais, l'an quatre cens trente-un, devant maistre Rober Roland et Chasteau-Fort, commissaires en la cause » (1). Plus loin, au chapitre 145, ainsi conçu : « Item, la Coustume est telle, que les actions personnelles qui competent contre les femmes, competent contre les maris, et au contraire aussi », il joint cette glose : « Et ceste coustume *j'ay* prouvée deux fois contre Palais, l'une en mes escriptures principalles devant maistre Robert Roulant et Chasteau-fort, commissaires en ladicte enqueste : et l'aultre foys je la prouvay par tourbe, aussi sur les escriptures des contredicts de ladicte cause ; ... et furent lesdicts tourbes dessus dictes toutes faictes l'an mil quatre cens trente-un » (2). Le doute n'est pas possible en présence de ces deux textes : c'est bien Jehan de la Loë qui a si judicieusement rapproché l'une de l'autre la jurisprudence et la coutume.

8. — Ce *Jehan de la Loë* n'est pas un inconnu. C'était un « notable bourgeois » (3) de Bourges, qui portait d'azur à une fasce d'argent, chargée de trois fleurs de lys de gueules, et 3 alouettes d'or, 2 et 1 (changées plus tard en merlettes) (4). En 1429, Jehan de la Loë eut l'occasion de rendre à Char-

___

(1) Cfr. La Thaumassière, *Cout. locales, op. cit.*, p. 276.

(2) La Thaumassière, *ibid.*, p. 295.

(3) Expression de La Thaumassière, *Hist. de Berry, op. cit.*, p. 156; — « l'un des plus authorisez bourgeois », dit Chaumeau, *Hist. de Berry*, Lyon, 1566, p. 145, qui donne à tort à Jehan de la Loë le prénom de *Nicolas*.

(4) La Thaumassière, *op. cit.*, p. 1077. — D'après La Thaumassière, *Jehan de la Loë* serait fils d'un autre *Jehan*, qui vivait en 1399 ; mais étant donnée la discordance des dates qu'il indique ensuite, il est visible que La Thaumassière fait erreur, et que ces deux *Jehan* n'en font qu'un. On trouve les variantes : Jehan de la Louë, de Laloë, de l'Aloë.

Ch.

les VII un signalé service. Jeanne d'Arc était alors occupée, « avec haut et puissant seigneur Monsieur d'Albret, comte de Dreux et de Gaure, lieutenant du roy en son pays de Berry sur le fait de la guerre (1) », au siège de la Charité-sur-Loire, où commandait un rebelle opiniâtre, Perrinet Grasset (ou Gressart). Pour « entretenir leurs gens estans en iceluy », Jeanne d'Arc et le sire d'Albret avaient grand besoin d'argent. Il leur fallait 1.300 écus d'or, « ou autrement eux et leurs dites gens devroient partir de devant ladite ville et lever ledit siege ». Pour trouver cette somme, le roi fît mettre aux enchères la ferme pour un an du *treizième* du vin vendu en détail à Bourges, avec cette clause que le dernier enchérisseur paierait d'avance les 1.300 écus d'or. Ce fut Jehan de la Loë qui se porta adjudicataire pour la somme de 2.000 livres tournois, et qui paya les 1.300 écus, lesquels ne furent envoyés à Jeanne d'Arc que le 11 janvier 1430 ! Elle avait dû dans l'intervalle lever le siège. Les 1.300 écus d'or de Jehan de la Loë servirent à parfaire la somme de 2.600 écus réclamée par Perrinet Grasset pour abandonner la place (2).

Quelques années plus tard, Jehan de la Loë, « quoique non gradué en droit », dit La Thaumassière, fut pourvu de la charge de lieutenant général du bailli de Berry. Cette nomination eut lieu très probablement en 1434. Il résulte en effet des indications fournies par La Thaumassière que Guillaume Bastard, conseiller du roi, maître des comptes et maître des requêtes, prédécesseur de Jehan de la Loë, était encore en fonctions en 1433 (3). D'autre part, Jehan de la Loë, rapportant un jugement du mois d'août de la même année (c'est le plus récent qu'il cite), s'exprime ainsi : « Et a esté prouvée [ceste coustume] en jugement devant Monsieur le bailly en

(1) Il s'agit de *Charles II* d'Albret, que La Thaumassière appelle à tort *Alain* (*ibid.*, p. 46 et 160). Sur ce personnage, cfr. E. CHÉNON, *Notice histor. sur Châteaumeillant*, Bourges, 1878, in-8°, p. 95-96 (extrait des *Mém. des Antiq. du Centre*).

(2). Cfr. le *Procès-verbal* dressé le 24 nov. 1429, par le notaire Chasteaufort, dans LA THAUMASSIÈRE, *ibid.*, p. 161-162. — *Adde :* CHAUMEAU, *ibid.*; — LA THAUMASSIÈRE, *ibid.*, p. 160 et 156 ; — et DE RAYNAL, *op. cit.*, t. III, p. 23.

(3) LA THAUMASSIÈRE, *ibid.*, p. 49 : « J'ay vû plusieurs sentences par luy renduës ez années 1428, 1429, et 1433 ».

aoust quatre cens trente-trois (1) ». Il n'était donc pas encore
lieutenant général à cette date; sans quoi, il eût dit : « par
devant nous ». En 1440, il présida l'élection des prud'hommes
qui gouvernaient la ville de Bourges (2). Il exerça ses fonctions jusqu'en 1442. A cette époque, « à cause de son extrême
vieillesse, caducité et maladies qui l'empêchoient de vaquer au
fait de sa charge, et de faire les chevauchées, esquelles les
lieutenans generaux étoient lors tenus », il en fut déchargé
par le bailli de Berry, Poton de Xaintrailles, qui lui donna
pour successeur Me David Chambellan, dont l'élection fut ap-
prouvée par Charles VII le 26 septembre 1443 (3).

Il faut ajouter que Jehan de la Loë a été très probablement
le dernier interpolateur du Coutumier; car ses annotations sont
disséminées un peu partout, surtout vers la fin (4), et termi-
nent presque toujours des chapitres ou des paragraphes (5).
— De plus, comme il ne cite aucun jugement postérieur au
mois d'août 1433 et notamment aucun de ceux qu'il a pu rendre lui-même, il semble naturel de fixer à la fin de cette même
année 1433 le travail d'annotation, qui a donné au Coutumier de
1312 la forme qu'il devait garder. Cette forme est en tout cas
antérieure au mois de mai 1437. A deux reprises en effet, dans
un chapitre primitif et dans un chapitre plus récent, le Coutumier expose qu'un roturier ne peut acquérir un fief sans « faire
finance » aux différents seigneurs, selon les règles établies en
1275 par Philippe le Hardi (6). Or le 5 mai 1437, Charles VII,

(1) Cfr. La Thaumassière, *Coutumes locales*, *op. cit.*, p. 281, chap. 105.

(2) Catherinot, *Les fastes consulaires de Bourges*, Bourges, 27 sept. 1684,
in-4o, p. 2.

(3) La Thaumassière, *Histoire*, *op. cit.*, p. 49. C'est David Chambellan qui
devait faire rédiger en 1451 le *Stile du palais royal de Bourges* [cfr. Catherinot, *Le Droit de Berry*, *op. cit.*, p. 7; De Raynal, *op. cit.*, t. III, p. 485-486;
Viollet, *Hist. du droit civil français*, 3e éd., Paris, 1905, p. 154-155].

(4) La moitié se trouve dans les 25 derniers chapitres.

(5) Le fait se réalise vingt fois, contre deux exceptions (chap. 86, 107). —
Il est possible toutefois que le chapitre 169 sur les boulangers ait été ajouté
après lui.

(6) Chap. 28 : « L'en garde par coustume que là où aulcune personne non
noble acquiert de noble, telle personne acquerant ne peut tenir l'acquest se
elle ne fait finance au seigneur du fief, et aussi de seigneur en seigneur jusques au roy; ... ou aultrement le mettre hors de sa main dedans l'an »; —
chap. 122 : « Et se la chose est acquise de noble à non-noble, il y a depa-

par lettres patentes, a déchargé les habitants de Bourges « du droit de francs-fiefs et nouveaux aquêts », leur donnant ainsi le « privilège d'acquerir fiefs, seigneuries, et biens nobles, sans qu'ils puissent être contraints d'en vuider leurs mains » (1). A ce privilège important le Coutumier ne fait aucune allusion. C'est la preuve que le travail de retouche s'est arrêté avant 1437 ; autrement Jehan de la Loë ou tout autre interpolateur subséquent n'eût pas manqué de signaler le changement survenu.

§ IV. — Le dernier état du Coutumier.

9. — En présence d'une pareille histoire, on ne saurait s'étonner des contradictions et du désordre que l'on peut rencontrer dans l'ancien Coutumier du pays de Berry. C'est un caractère qui lui est commun avec beaucoup d'œuvres de la même époque, objet de remaniements successifs. Ces contradictions s'expliquent le plus souvent par un changement de législation ou de jurisprudence (2), ou par la divergence des doctrines (3), ou par l'influence, qui apparaît çà et là, du droit romain (4). Nous n'avons pas à traiter ici ces divers points ;

---

reillement de fief, et y a plusieurs droicts, comme de chevir à chascun seigneur jusques au chief seigneur ».

(1) La Thaumassière, *ibid.*, p. 154.

(2) Exemples : d'après le chapitre 52, qui est primitif, « vignes faictes, blez semés et terres garetées... prestes à semer, sont réputées et censées pour meuble » ; le chap. 127, qui est récent, dit au contraire : « Et seront tous fruicts de vignes et de blez en terre, dictes heritaiges, jusques ils ont deux botz, qui est à dire qu'ils ne sont meubles jusques ils sont cuillis » ; — le chap. 77 vise l'ord. sur les bourgeoisies de 1302, et le chap. 78 l'ord. de 1376 ; — le chap. 118 dit que le roi n'a pas droit de retrait censuel en la ville et septaine de Bourges ; Jehan de la Loë ajoute : « Mais l'en a veu le contraire pour la maison Etienne Lourde, laquelle le roy voulsist avoir par le retraict ». Etc.

(3) Ces divergences sont parfois signalées d'une façon expressé ; exemples : chap. 42, *in fine,* passage interpolé : « Et sur ce sont moult de oppinions » ; — chap. 144, § 12, interpolé : « Certes de ce y a plusieurs oppinions, mais la pluspart tient ... » ; — chap. 165, récent : « Car aulcuns veulent dire ...; aultres veulent dire ... » ; — chap. 167 : « Certes ouy; ... certes l'en tient que non...; aulcuns pourroient dire ». Etc.

(4) Exemples : au chap. 55, l'auteur du Coutumier primitif oppose la coutume et le droit romain : « Car combien que de *Droict* y ait une aultre action que l'en appelle Reivendication, etc... » ; « et aussi de Coustume n'a point de action ypotheque de meuble, combien qu'elle y soit de *Droict* » ; — au

mais il reste à examiner une question qui ne manque pas d'intérêt : celle de savoir si l'ordre des matières suivi dans le Coutumier primitif a subsisté, en dépit des intercalations, dans le Coutumier définitif; ou bien si, par surcroît, les interpolateurs n'auraient pas modifié la suite des articles en les déplaçant les uns par rapport aux autres, avec ou sans raison. Nous n'avons qu'un seul moyen de résoudre cette question, c'est d'étudier les renvois d'article à article qu'on trouve dans le Coutumier au nombre d'une trentaine, et de voir s'il y a une certaine correspondance entre ces renvois et l'ordre actuel des 169 chapitres.

Ces renvois se présentent sous trois formes : pour les uns, le chiffre de l'article visé est suivi du mot « *ensuivant* »; pour d'autres, du mot « *precedant* »; pour les derniers, d'aucune indication. Par exception, deux sont ainsi conçus : « Il est dit, devant... au deuxiesme article de ce Livre », et : « ... comme il est dict ou III article desdictes Coustumes (1) ». Ces deux renvois sont exacts; donc les chapitres 2 et 3 du Coutumier n'ont pas changé de place. Un autre renvoi à l'article 3 qui se trouve au chapitre 168 est plus énigmatique : « Car plusieurs entrent commungs l'ung avec l'aultre dez le jour du mariaige, comme vous trouverez de Bassin et de sa femme ou III article precedant »; or au chapitre 3, il n'est question ni du point de départ de la communauté, ni de Bassin. Ce dernier n'apparaît qu'au chapitre 160, qui n'appartient pas au Coutumier primitif, et dans cette note de Jehan de la Loë : « Ainsi l'ay veu jugier en février 1432 pour Bassin ». Le renvoi n'a donc pas de sens : *non quadrat*, écrit Catherinot en marge de son exemplaire (2).

Les chapitres 4 et 21 sont exactement visés aux chapitres 19 et 46, qui font partie du Coutumier primitif (3). — A deux re-

chap. 101, Jehan de la Loë fait la même opposition : « Et cest cas est en *droict* plus qu'en coustume »; — au chap. 104, on lit : « Et vray est que de *droict* ladicte seur raportera (sa dot)... »; — au chap. 158, qui est un véritable traité de la tutelle, il est fait appel à plusieurs reprises (§§ 11, 12, 31) à la « raison escripte », à laquelle la coutume peut être contraire (cfr. § 31); — de même au chap. 161 : « Et cecy est en raison escripte ».

(1) Cfr. chap. 147 et 160.

(2) Sur cet exemplaire, cfr. *suprà*, n° 2, en note.

(3) Chap. 19 : « ... se comme il est déclaré dessus au chapitre IV »; —

prises au contraire, le chapitre 42 est l'objet d'un faux renvoi, qui s'applique en revanche très bien au chapitre 62 (1). On ne peut expliquer cette discordance par l'intercalation de 20 chapitres nouveaux, hypothèse qui vient de suite à l'esprit, parce que, avant le chapitre 62, on n'en peut trouver que six au plus qui aient été intercalés (2). Mais on peut supposer, ou bien une interversion de chiffres (XLII au lieu de LXII) commise dans un manuscrit et acceptée ensuite de confiance, ou bien, ce qui est plus vraisemblable, une simple transposition de chapitres. — Le chapitre 63, visé trois fois exactement, est toujours à sa place (3). — On en peut dire autant du chapitre 72 auquel renvoie le chapitre 46, qu'en un certain sens il complète (4). — Des quinze autres renvois qu'il nous reste à examiner, aucun ne se rapporte au Coutumier primitif, et tous sont maintenant inexacts. Il est donc permis de tirer dès à présent cette conclusion : c'est qu'à l'époque ou aux époques auxquelles les renvois ont été ajoutés au texte, le Coutumier primitif avait déjà l'aspect qu'il revêt dans l'édition de La Thaumassière.

10. — La partie récente du Coutumier a au contraire subi plus de remaniements, et c'est avec une certaine peine qu'on peut aujourd'hui identifier les références des textes. Ces références nous renvoient aux articles 114, 117, 129, 131 à 135, 137, 140, 143, 157, 160, 167, et même 176, bien qu'il n'y ait que 169 chapitres dans l'édition de La Thaumassière. De ces citations, dont aucune, nous le répétons, n'est exacte, il en est trois qu'il est aisé d'identifier et qui dénotent des transpositions successives du chapitre auxquelles elles se rapportent; ce sont les citations des articles 137, 157, 167, qu'on trouve aux chapitres 163, 168, et 63 sous cette forme : « comme plus à

chap. 46 : « excepté Bourbonnois, dont il est dessus declaré sur le vingt et unième article ».

(1) Cfr. chap. 157 : « comme il est dict au quarante-deuxième article » ; — chap. 161 : « comme dict est au quarante-deuxième article precedant ».

(2) Savoir les chap. 39, 40, 41, 44 (?), 47, 48.

(3) Cfr. chap. 108 : «... comme il est dict au soixante-troisième article precedant » ; — chap. 157 : « Il est dict au soixante-troisiesme article comment... » ; — chap. 158 : « Item, nous avons leu ou soixante-troisiesme et cent-dix-septiesme articles precedans... ».

(4) Chap. 46 : «... et de ce parle plus au long au soixante-douzième et au cent-soixantième articles ensuivans ».

plain est dict en l'article de *Tutelle*, au cent-trente-septiesme article precedant »; « comme dict est devant en la *Tutelle*, à CLVII article precedent, où il parle de la Tutelle bien au long »; « et de ceste matiere est faicte mention, ou CLXVII article ensuivans (1). Or toutes ces citations se réfèrent à un seul et même chapitre, très long, intitulé : « De tutelle et comment l'en se doit gouverner », qui est un véritable traité de la tutelle, et qui forme dans l'édition de la Thaumassière le chapitre 158 (2). Voilà donc un chapitre qui a occupé successivement des places diverses dans le Coutumier.

Les autres chapitres cités ont changé aussi de numéros; mais ils ne paraissent pas avoir été déplacés les uns par rapport aux autres. Entre leurs numéros anciens et leurs numéros actuels, qui sont toujours plus faibles, il y a en effet une correspondance à peu près constante, qui doit s'expliquer par ce fait qu'un certain nombre de paragraphes, primitivement séparés, ont été réunis dans le manuscrit de Catherinot, sous des rubriques communes. C'est ainsi que l'ancien article 114 est devenu le chapitre 108, § 2 (3); l'ancien 117, le chapitre 108, § 6 (4); les anciens 129 et 131 à 135, les chapitres 121, 122, 123, 124, § 2 (5); l'ancien 140, le chapitre 131 (6); l'ancien 143, le chapitre 139 (7); l'ancien 160, le chapitre 149 (8); l'ancien 176,

(1) Cfr. chap. 163, § 6; 168, *in fine*; 63, *in fine*.

(2) La citation du chap. 63 se rapporte au § 2 de ce chap. 158; celle du chap. 163, au § 21; celle du chap. 168, au § 28.

(3) Chap. 160, *in fine* : « Et *Nota* que il y a debtes qui sortissent nature de meuble, et autres qui sortissent nature de heritaige, comme vous trouverez plus avant declairé à CXIV article precedant »; — cfr. le chap. 108, § 2.

(4) Chap. 158, *suprà cit.* — L'identification avec le chap. 108, § 6, est certaine; en effet le chap. 158 renvoie à la fois aux articles 63 et 117; or le chap. 108, § 6, renvoie de son côté à l'article 63.

(5) Chap. 73 : « *Verte* à CXXIX ensuivans, où il fait mention de ceste matiere »; — chap. 74 : « *Verte* à six vingts et onze et douze et treiziesmes articles ensuivans, où il parle de telle matiere »; — chap. 121 : « *Verte* à CXXXIII, CXXXIV et CXXXV articles ensuivans, où il parle de la matiere de Fief et comment ledict seigneur feodal peut empescher »; — cfr. les chap. 121 à 124, dont le premier est intitulé : *De matière de fief.*

(6) Chap. 53 : « *Verte* à CXL article ensuivans, où il parle de semblable matiere », c'est-à-dire de « chose emblée »; — cfr. le chap. 131.

(7) Chap. 163, § 1 : « Comme devant est dict au cent quarante et troisiesme article precedans »; — cfr. le chap. 139.

(8) Chap. 46, *suprà cit.*; — chap. 72 : « Et *nota* que de ce est faicte mention au CLX articles ensuivant »; — cfr. le chap. 149.

le chapitre 168 (1). — Tous ces détails sont évidemment arides ; mais il nous semble qu'ils éclaircissent un peu l'histoire du vieux Coutumier de 1312, qu'ils montrent de quelle manière il a été remanié et retouché avant d'arriver aux mains de Jehan de la Loë, et qu'ils permettent aux historiens du droit d'utiliser avec plus d'assurance un texte composite, qui n'en reste pas moins intéressant.

APPENDICE

Les annotations de Jehan de la Loë (2).

Chap. 62 : *Comment les plus prochains gaignent les meubles et conquests.* — Ils les gagnent sans qu'il y ait lieu de distinguer entre la ligne paternelle et la ligne maternelle : « Et ce a esté prouvé par turbe, par Foucher de Dung-le-Roy, contre Babo (3) l'an quatre cens trente deux, chez Maistre Nicolle Sardé (4) commissaire en la cause ».

Chap. 81 : *De fiansailles.* — Les frais du dîner de fiançailles incombent aux parents de la fille, à moins de conven-

(1) Chap. 162, *in fine* : « Et *Nota* que au CLXXVI article ensuivant, il parle de *tutelle* et de *communeaulté*, etc.. » ; — chap. 167, *in fine* : « Item, *au cas* devant dict, en l'article de cent soixante-seize, les heritiers... » ; — cfr. le chapitre 168, intitulé : « Cecy est *le cas* de Guillaume Laquain et de ses nepveux, lequel aprent comment l'en se doit gouverner en *communeaulté* et en *tutelle*, etc... ».

(2) LA THAUMASSIÈRE, *Cout. locales, op. cit.*, p. 270 à 312, *passim;* — et BOURDOT DE RICHEBOURG, *Coutumier général*, t. III, p. 881 à 903, *passim.*

(3) Catherinot sur son exemplaire corrige « Babou ». Il s'agit probablement de *Jean* ou de *Laurent Babou*, tous les deux notaires à Bourges, qui reçurent le 7 juin 1455 la donation faite par Charles d'Albret, comte de Dreux, à son fils Amanjeu d'Albret, de ses terres d'Orval, Montrond, Epineuil, Châteaumeillant et autres (cfr. Comte DE MAUSSABRÉ, *Généalogies berruyères, Babou,* dans les *Mémoires des Antiq. du Centre*, t. XV, p. 167-168).

(4) *Nicolle Sardé,* probablement fils de Nicolas Sardé, licencié en droit canon et civil, procureur du roi en 1385 et 1392, garde du scel de la prévôté de Bourges en 1392, et de Jaquette de l'Hôpital, fut prud'homme de Bourges en 1437, et assista en 1443 comme député de Bourges aux États tenus dans cette ville. Il portait d'azur à trois cerfs rampants d'or, 2 et 1 (LA THAUMASSIÈRE, *Histoire, op. cit.*. p. 55, 163, 1084, 1118 ; — CATHERINOT, *Les fastes consulaires de Bourges*, p. 1; — *Mém. des Antiq. du Centre,* t. XXVII, p. 325).

tion contraire : « Et cèste Coustume a esté prouvée par Palais, contre *Jehan de Laloë*, l'an quatre cens trente-un. »

Chap. 82 : *Dés maris qui sont tenus ez debtes de leurs femmes.* — Les maris peuvent être poursuivis pour les dettes de leurs femmes : « Et ainsi l'a prouvé *Jehan de la Loë* par tourbe, contre Palais, l'an quatre cens trente-un, devant Maistre Rober Roland et Chasteau-Fort, commissaires en la cause (1). »

Chap. 86 : *De arreraiges de mariaiges non payés.* — On peut les prescrire par dix ou douze ans : « Et le ay veu faire ainsi. »

Chap. 89 : *De cercles à relier tonneaulx.* — On doit vendre exactement un quarteron par liasse et pas moins, sous peine d'amende : « Et de ce cas ay veu la condempnation en jugement devant André de Ville-neufve (2). »

Chap. 99 : *De bailler du sien sans requeste.* — Lorsqu'on remet à l'un de ses parents des objets qu'on sait devoir lui être baillés par autrui, cette remise constitue une donation : « Et ainsi l'ay veu juger don entre prouchains parents. »

Chap. 101 : *De prester cheval ou beste.* — L'emprunteur n'est pas responsable de la perte ou de la mort du cheval : « Et ainsi en ay veu user ; mais de bonne foy, il se devroit payer, posé que l'en n'y peut estre contrainct, et cest cas est en Droict plus que en Coustume (3). »

Chap. 105 : *De louaïge de maisons.* — § 1. Celui qui quitte une maison louée doit rendre la clef en temps dû, sinon la maison lui reste louée : « Et ainsi l'ay veu pour Aymeri

----

(1) Cfr. chap. 145 et 159. — *Robert Roland* était fils de *Guillaume Roland*, licencié ès-lois, « citoyen » de Bourges en 1411, fils lui-même de *Mathieu* ou *Macé Roland*, licencié ès-lois, prud'homme de Bourges en 1402. Les Roland portaient de gueules à un griffon d'or, accompagné de trois étoiles d'argent à six rais, 2 et 1 (La Thaumassière, *ibid.*, p. 157, 1109-1110 ; et *Mém. des Antiq. du Centre*, t. XIV, p. 83). — *Jean de Chasteaufort* était en 1429 juré notaire sous le scel de la prévôté de Bourges, et signa en cette qualité les procès-verbaux de l'élection des prud'hommes de Bourges (30 juin) et du bail du treizième du vin consenti à Jehan de la Loë (24 nov.). En 1443, il reçut l'acte d'acquisition par Jacques Cœur du fief de la Chaussée, et en 1447, le contrat de mariage de la fille de ce dernier, Perrette Cœur, avec Jaquelin Trousseau (La Thaumassière, *ibid.*, p. 160, 161-162, 136, 89 ; — Henri Mallard, *Le droit des gens mariés d'après les Coutumes du Berry*, Saint-Amand, 1905, in-8°, p. 172 et suiv.).

(2) *André de Villeneuve* était en 1431 prévôt de Bourges (cfr. *infrà*, chap. 137, et La Thaumassière, *ibid.*, p. 53).

(3) La décision est en effet conforme à celle que donnent en matière de commodat les *Institutes de Justinien*, liv. III, tit. 14, § 2. Il faut supposer, bien entendu, comme le dit expressément Justinien, que la perte ou la mort du cheval soit arrivée par cas fortuit.

Builhe(1) et ung nommé Bon Pere Frepier ». — § 2. Le fruit des treilles appartient au locataire sortant qui les a taillées : Et a esté prouvée (ceste coustume) en jugement devant monsieur le Bailly en aoust quatre cens trente-trois, pour sire Pierre Gencier(2), contre la vefve feu Vacy, sergent d'armes du roy nostre sire(3) ». — § 4. Lorsqu'une partie d'une maison louée vient à tomber, le bailleur doit acquitter le locataire ou lui bailler une autre maison, « et cecy est cas de Droict » : « Et l'ay veu alleguer à maistre Estienne de Toussy(4) contre la Collaviate, l'an quatre cens trente-deux en janvier, devant le prevost. »

Chap. 107 : *De loüer maison à or ou à argent.* — § 2. Le privilège du bailleur porte seulement sur les biens « estans en l'hostel » : « Et ainsi l'ay veu juger pour Jehan le Roy(5), bourgois, contre Roulin de Montenoison en fevrier quatre cens trente-deux » (1433, *n. st.*).

Chap. 118 : *Des cens et accordes deus au roy.* — Le roi n'a pas droit de retrait censuel : « Mais l'en a veu le contraire pour la maison Estienne Lourde (6), laquelle le roi voulsist avoir par le retraict. »

(1) *Aimery Builhe* ou *Beüille* (alias *Beville*), probablement fils de Jean Beüille, prud'homme de Bourges en 1402, fit hommage le 22 février 1422 (*n. st.*) de partie des dîmes de Villeneuve et de Morthomier, fut prud'homme de Bourges en 1439, 1465, 1466, élu de Berry, lieutenant général des eaux et forêts de Berry, échanson de Louis XI en 1471. Il décéda avant 1475. Il avait épousé Marguerite Chevrier, et portait d'argent au chevron de sable, accompagné de 3 perroquets de sinople, membrés et becqués de gueules, 2 et 1, au chef de même chargé de 3 béliers passants ; ces armes se voient à la clef de voûte la plus proche du portail, dans l'église Notre-Dame (CATHERINOT, *op. cit.*, p. 2, et *Tombeau généalog.*, (1674), 40 p. in-4°, p. 30, 34 ; — LA THAUMASSIÈRE, *ibid.*, p. 157, 162, 164, 947 ; — *Mém. des Antiq. du Centre*, tome IV, p. 302).

(2) *Gencier* doit être une fausse lecture pour *Pierre Gentils*, licencié ès-lois, échevin de Bourges en 1470, 1481, 1482, 1488, 1489 (LA THAUMASSIÈRE, *ibid.*, p. 164 à 170), arbitre dans une querelle en 1476 (*Arch. du Chèr*, E, 1217).

(3) Il est question « des hoirs et de la relicte de feu Estienne Vazy » en 1440 et 1441, à propos d'une maison sise à Bourges, rue Segretain, pour laquelle ils payaient 11 livres tournois de rente perpétuelle (*Mém. des Antiq. du Centre*, tome XXIII, p. 185).

(4) *Étienne de Toussy* était en 1429 bailli de Dun-le-Roy pour très haut et puissant seigneur M. de Richemont, connétable de France, et avait pour lieutenant Henry Pelourde (LA THAUMASSIÈRE, *ibid.*, p. 373).

(5) *Jehan le Roy*, s. de Contres et mari de Geneviève Catin, dame du Platart, fut prud'homme de Bourges en 1461, fit bâtir une chapelle dans l'église cathédrale vers 1470, et testa le 31 août 1473 (*ibid.*, p. 111, 163, 690).

(6) Au lieu d'Estienne Lourde, Catherinot sur son exemplaire corrige

Chap. 137 : *De donacion mutuelle.* — Donner et retenir ne vaut : « Aussi j'ay veu prouver ceste coustume par tourbe, en laquelle furent cinq ou six advocats, la Bertomière (1) et plusieurs gens de bien ; et fut prouvé aussi par ladicte tourbe, que les actions competans contre les femmes mariées, competent contre leurs maris, au contraire qui competent aux femmes, competent aux maris ; aussi et fust ladicte tourbe produicte par Rabienne contre Jehan Doulcet (2), en ung certain procez que ils avoient devant le prevost de Bourges André de Ville-neufve (3), l'an mil quatre cens trente-un. »

(?) Chap. 144 : *Convenances de mariage.* — § 9. A la disso-lution du mariage, la femme reprenait « ses robbes, joyaulx, et serpol » (4); toutefois pour les joyaux, il y avait quelques restrictions, et parfois ils pouvaient être partagés: Pour les veuves, « où il n'y a point de serpol », on estimait les joyaux « selon le mariaige » (dot) : « Ainsi a-il esté dict pour Ro-bert-Estevart (5), par déliberation de conseil. »

Chap. 145 : *Les actions personnelles qui competent aux fem-mes mariées competent aux maris par la coustume.* — Et au contraire aussi : « Et ceste coustume j'ay prouvée deux fois contre Palais, l'une en mes escriptures principalles devant maistre Robert Roulant et Chasteau-fort, commissaires en

« Pelourde ». Il s'agit d'*Estienne Pelourde*, s. de la Monnoye, prud'homme de Bourges en 1402 (LA THAUMASSIÈRE, *ibid.*, p. 157 et 947).

(1) *Jehan de la Berthomière*, fils probablement d'André de la Berthomière, prud'homme de Bourges en 1402, était seigneur d'Humbligny en 1440, par indivis avec Jean Beüille (prud'homme de Bourges en 1442 et 1443). Il fut successivement conseiller, maître d'hôtel du roi, garde de la prévôté de Bourges, prud'homme en 1461 et 1469. Il avait épousé Marie Le Roy, fille de Jacques Le Roy, seigneur de Saint-Florent, dont il sera question ci-des-sous, et portait de sable à 3 têtes de bœuf accornées d'argent et couron-nées d'une triple couronne murale d'or, 2 et 1 (*ibid.*, p. 157, 163, 164, 475, 688, 918). On trouve aux Archives du Cher de nombreux actes qui le concer-nent (E, 475, 476, 479, 480, 482, 484, 485), ainsi que sa veuve, dite *Marie Royne*.

(2) Cfr. *infrà*, chap. 145.

(3) Cfr. *suprà*, chap. 89.

(4) On appelait *serpol* en Berry le trousseau donné à la jeune fille en se mariant. Cfr. sur ce point HENRI MALLARD, *op. cit.*, p. 138 et suiv.

(5) Cfr. *infrà*, chap. 145 et 159. — *Robert Estevart*, citoyen de Bourges, époux de Jeanne Fornier, était sieur du fief de Chapes (sis à Bourges, pa-roisse Saint-Privé); il en rendit aveu, le 8 juillet 1389, à Regnier Pot, cheva-lier, seigneur de Champroy. A la même famille appartenait *Elisabeth Estevart*, qui épousa Jean de Cambray, seigneur de la Tour de Clamecy, panetier de Charles VII, prud'homme de Bourges en 1443 et 1465, et fut mère de Guil-laume de Cambray (LA THAUMASSIÈRE, *ibid.*, p. 324, 1042; — CATHERINOT, *Recherches de Berry*, Bourges, 1683, 8 p. in-4°, p. 7).

ladicte enqueste (1); et l'aultre foys je la prouvay par tourbe, aussi sur les escriptures des contredicts de ladicte cause; et prouvay aussi que femmes qui ont faict leur voulenté de leurs corps sont prises à tesmoignaige en cour laye, et ainsi le voit-on chascun jour devant le prevost et bailly par la coustume et stile de ladicte cour et auditoire de Bourges; et feis ladicte tourbe chez maistre Estienne Cambray (2), en laquelle cause fut ledict maistre Estienne et Jehan de Chasteau-fort, commissaire sur les contredicts (3). Aussi ay-je veu prouver la coustume dessusdicte des actions, par Rabienne contre la dame Jehan Doulcet en tourbe (4), et aussi la veis prouver en jugement devant le bailly de Berry, en une cause de Jehanne de Fretet (5), contre Jehanne Forniere femme de Robert Estevart (6), sur ce que maistre Jehan Barbarin (7) tendoit à fin de non-recepvoir, pour ce que Jehanne Forniere avoit esté adjournée avec l'auctorité de son mary, à respondre à ladicte Fretete, et disoit ledict maistre Jehan Barbarin que l'on devoit seulement adjourner Robert Estevart mary de ladicte Jehanne, par la coustume dessus alleguée, que les actions personnelles qui competent contre les femmes competent contre les maris, et qui competent aux femmes, competent aux maris; et furent lesdicts tourbes dessus dictes toutes faictes l'an mil quatre cens trente-un. »

Chap. 149 : *De freres commungs qui acquierent heritaiges tenuz en fief ou en cens, etc.* — Lors du partage, il ne sera dû ni rachat ni accordes : « Et cecy j'ay veu advenir pour les Chacis (8), l'an mil quatre cens trente-deux ».

Chap. 156 : *Le stile comment personne excommuniée n'est recevable a faire faire demande en court laye contre celluy ou*

<hr>

(1) Sur *Robert Rolland* et *Jehan de Chasteaufort,* cfr. *suprà,* note sous le chap. 82.

(2) *Étienne de Cambray,* chanoine de l'Église de Bourges, puis doyen, et enfin évêque d'Agde en août 1448, était fils de Jean de Rupy dit de Cambray (d'où il était originaire), seigneur de la Tour de Clamecy, valet de chambre du duc de Berry, et de Marguerite Chambellan, fille elle-même de David Chambellan, futur lieutenant général du bailli de Berry. Il avait pour neveu Guillaume de Cambray, archevêque de Bourges en 1477, et portait de gueules à trois cerots d'or, 2 et 1 (LA THAUMASSIÈRE, *ibid.,* p. 1041-1042).

(3) Sur *Jehan de Chasteaufort,* cfr. *suprà,* noté sous le chap. 82.

(4) Cfr. *suprà,* chap. 137.

(5) En février 1422, *Jehanne,* déjà veuve de Mre *Jehan de Fretet,* fit hommage des dîmes de Villeneuve et de Morthomier, par indivis avec Aimery Beüille et Jacques Le Roy; cfr. *suprà,* note sous le chap. 105, § 1.

(6) Cfr. *suprà,* chap. 144, et *infrà,* chap. 159.

(7) Cfr. *infrà,* chap. 156.

(8) Sur la famille *Chassy* ou *Chacy,* cfr. LA THAUMASSIÈRE, *ibid.,* p. 870-871.

celle qui le tient excommunié. — Dans ce cas, la partie assignée doit avoir congé : « Et aynsi l'ay veu alleguer au siege de Monsieur le Bailly de Bourges, et allega maistre Jehan Barbarin(1) pour ung prestre pour qui il estoit contre Tosseaulme Sadon, en debat d'ung benefice. »

Chap. 158 : *De tutelle et comment l'en se doibt gouverner.* — § 31. Un tuteur, « selon raison escripte », peut avoir deux tutelles : « Toutesfois j'ay veu faire le contraire par Jehan de Vaulx, pource qu'il avoit une tutelle et estoit marchant, et luy failloit vacquer à sa marchandise et aler hors du pays, et encores fut-il faict de grâce; car de rigueur il y eust esté contrainct » ; — § 33. C'est à l'enfant « âgé » à nommer son curateur, mais auparavant on lui fait prêter serment : « J'ay cecy veu pour la fille Cotereau (2). »

Chap. 159 : *Tourbe de recreance.* — « Item, le quinziesme jour de juillet mil quatre cens trente-deux, fut faicte une tourbe chez maistre Robert Roulant commissaire, en laquelle furent prouvés plusieurs articles ». Suivent neuf articles relatifs à la recréance. « Et furent à ladicte tourbe plusieurs géns d'estat, et fut faicte pour ung procez meu par le curé de sainct Hippolyte, contre maistre Arnoul Belin (3), pour rente de blé

(1) Cfr. *suprà*, chap. 145.

(2) Il s'agit de *Catherine Cotereau*, fille de Jean Cotereau, s. de Hauteville, et de Jeanne Ronssard ou Ronsart, lesquels s'étaient mariés vers 1410. Elle était née le 15 février 1421 (n. st.) à Blelle en Auvergne, et avait eu pour parrain le dauphin d'Auvergne, comte de Clermont, et pour marraine sa grand'mère Catherine Rolland, femme de Jean Ronssard, s. des Cloix et maître de la Monnaie de Bourges. Elle épousa, le samedi 26 novembre 1440, Antoine Gougnon, écuyer, conseiller et maître d'hôtel du roi, seigneur des Cloix, Hauteville, Augy, Voisin, Montifault, et la Reculée, né en 1415. Tous deux testèrent en 1482 (LA THAUMASSIÈRE, *ibid.*, p. 901; CATHERINOT, *Tombeau généalogique, op. cit.*, p. 34, 36).

(3) Maître *Arnoul Belin*, originaire d'Aubigny, où il fonda un prieuré de chanoines réguliers de saint Augustin et un hôtel-Dieu, vers 1420, fut nommé en 1405, par le duc Jean de Berry, trésorier de la Sainte-Chapelle que ce prince venait de fonder à Bourges; deux prébendes et le manoir d'Ouzy lui étaient affectés. La même année, il acheta l'hôtel de la Chaussée (v. la note suivante) à Archambault de Crevant, seigneur de Villemort, le Lys-saint-Georges, et Maubranches. Il assista le 25 mai 1416 à la confection du testament du duc Jean, qui le nomma l'un de ses exécuteurs testamentaires. On voit par les comptes de ces derniers, conservés aux Archives du Cher, que pour aider à payer les funérailles du duc, il acheta plusieurs joyaux de la succession, pour une valeur de 1137 livres. En 1418, il fit achever le logis destiné à servir d'habitation au trésorier de la Sainte-Chapelle; le portail, élégant, subsiste encore, et porte l'inscription suivante: « L'an 1418, venerable et discrette personne Mre Arnoul Belin, premier tré-

que ledict curé demandoit sur l'ostel de la chaussée appartenant à Jehan Belin accause de sa femme (1), et furent à ladicte tourbe maistre Pierre Chauvigny (2), *Jehan de la Louë*, messire Pierre Alabat (3), Janequin Foucherat, Pierre Boileau, Corset Gordin, messire Martin Moret, Jehan de Crosses (4),

sorier du palais de Bourges, cons^r du roy nostre sire et de très haut très excellent et très puissant, prince Jehan filz de roi de France et prince duc de Berry, édifieur et fondeur de ladite chapelle, fit faire cestuy portail pour l'entrée de cestuy hostel, ordonné par led. fondeur pour la demeure dudit trésorier et ses successeurs tresoriers de lad. chapelle, lequel hostel led. Arnoul du sien propre a ediffié en la plus grande partie. Priez Dieu pour les âmes des dessus dicts et de leurs prédecesseurs et successeurs ». — Cfr. DE RAYNAL, *op. cit.*, tome II, p. 445, 501, 505 ; — une *Note* obligeamment communiquée par M. Gauchery, architecte à Vierzon ; — LA THAUMASSIÈRE, *op. cit.*, p. 693 et 755 ; — CATHERINOT, *Le sanctuaire de Berry*, Bourges, 1680, in-4º, p. 6 ; — et *infrà*, chap. 165.

(1) Cfr. CATHERINOT, *Escu d'allianee* (1680), p. 10, reproduit ce passage assez inexactement : « Cette tourbe fut faite en présence de Robert Roland, commissaire en cette partie, entre le curé de s. Hippolyte et Arnoul Belin, s. de l'Hostel de la Chaussée, à cause de sa femme (?), pour une rente en bled ». — Arnoul Belin, en sa qualité de chanoine de la Sainte-Chapelle, n'était pas marié. Il avait déjà en 1432 transmis l'hôtel de la Chaussée à *Jean Belin*, qui devait être son neveu. — Jean Belin fut prud'homme de Bourges pour le quartier d'Auron en 1429. Ce fut lui qui vendit en 1443, moyennant 1200 écus vieils, l'hôtel de la Chaussée à Jacques Cœur, lequel bâtit sur son emplacement le superbe palais que nous admirons encore (LA THAUMASSIÈRE, *ibid.*, p. 136, 159, 160 ; — DE RAYNAL, *op. cit.*, t. III, p. 66 et suiv.).

(2) *Pierre de Chauvigny* fut prud'homme de Bourges en 1431 et député de Bourges en 1443 aux États qui se tinrent dans cette ville (LA THAUMASSIÈRE, *ibid.*, p. 162, 163).

(3) *Pierre Alabat* était fils de Jean Alabat, prud'homme de Bourges en 1443 et procureur du roi en 1450, et de Perrette Ronsart ou Ronssard, fille de Jean Ronssard, maître de la Monnaie de Bourges, et de Catherine Rolland, et par suite cousin germain de Catherine Cotereau (cfr. *suprà*, note sous le chap. 158). Les Alabats, originaires de Bourges, où on les rencontre depuis le XIIIe siècle, portaient de gueules à trois sonnettes d'or (*ibid.*, p. 55, 163, 1016-1017).

(4) *Jehan de Crosses*, d'une ancienne famille de Bourges ou de Dun-le-Roy, nommée dès le XIIIe siècle. Pierre de Crosses était notaire à Bourges en 1279, (n. st.); Jean de Crosses, né à Dun-le-Roy, devenu chanoine de N.-D. de Paris et conseiller au Parlement, fonda en 1360 un anniversaire en l'église Saint-Étienne de Bourges; Guillaume de Croce eut pour fille Jeanne Croce qui testa en 1418; Pierre de Crosses était procureur du roi à Dun-le-Roy en 1446 et 1496 (*ibid.*, p. 372, 373, 906, 688).

Jacques le Roy (1), Pierre Fredet (2), Guillaume Quinault, Gillet Estevart, maistre Nicolle de Villeneufve, Robert Estevart (3), et aultres ».

Chap. 160 : *De femme qui donne en son testament son heritaige aprez sa mort, etc.* — Les héritiers aux meubles supportent les dettes mobilières, mais pas celles qui « sortent nature d'heritaige » : « Et ainsi l'ay veu jugier en février 1432 (a. st.) pour Bassin ».

Chap. 165 : *Comment chascun scel de haute justice pourte main garnie en sa jurisdiction, etc.* — Discussion pour savoir si le scel de la prévosté de Bourges, apposé au temps de feu le duc de Berry, emportait main garnie après sa mort : « Et ainsi fut jugé que ledict scel pourteroit main garnie pour les causes dessus dictes (4), devant Monseigneur le bailly, le deuxiesme jour d'avril quatre cens trente-deux, par tout le conseil, et aussi pour les frères mineurs, contre messire Archambault de Cravant (5) ».

(1) *Jacques Le Roy*, 2ᵉ du nom, s. de Saint-Florent et d'Yvry, officier de la maison du roi, était fils de Martin Le Roy, s. de Saint-Florent et du Moulin-Neuf, maître d'hôtel du duc Jean de Berry en 1401. Il fit hommage, avec Estienne II Pelourde et Aimery Beüille, de la moitié des dîmes de Villeneuve et de Morthomier en 1422, partagea avec son cousin germain André Le Roy le 22 mai 1438, fut élu prud'homme de Bourges pour le quartier d'Auron en 1440, et mourut le 24 avril 1468. Il épousa successivement N... Chambellan, puis Macée Bricefornée, fille de Philippe Bricefornée, sieur du Bois-de-Vèvre, et de Mahaut Guiberton. Le Roy portait de sable à 9 tierces-feuilles d'or (LA THAUMASSIÈRE, *ibid.*, p. 163, 690, 947; — CATHERINOT, *Fastes consulaires*, p. 2; et : *Escu d'alliance*, p. 10; — DE TOULGOËT-TRÉANNA, *Généalogie des Le Roy*, dans les *Mémoires des Antiq. du Centre*, t. XX, p. 278 et 331).

(2) *Pierre Fredet* ou *Fradet*, ainsi qu' « on l'écrivoit vers 1400 sans distinction », s. de la Veherie et du Petit-Chappes, fut capitaine de la Charité-sur-Loire, puis de la Grosse Tour de Bourges. Il avait épousé Agnès de Cambray, fille de Jean de Rupy dit de Cambray et de Marguerite Chambellan, et était devenu ainsi le beau-frère d'Etienne de Cambray et de Jean de Cambray (*suprà*, notes sous les chap. 144 et 145). Fradet portait d'or à trois fers de lance de sable (LA THAUMASSIÈRE, *ibid.*, p. 159, 1042, 1152).

(3) Cfr. *suprà*, note sous le chap. 82.

(4) A savoir que « Prevosté ne müe point, supposé que la personne (du prevost) müe ».

(5) Messire *Archambault de Crevant*, chevalier, sieur de Villemort, du Lys-Saint-Georges, de Marmagne, et de Maubranches, mari de Catherine de Rochedragon, vendit à Arnoul Belin l'hôtel de la Chaussée à Bourges, en 1405 (*suprà*, chap. 159). Il assista, le 22 février 1436 (n. st.), au conseil de parents et d'amis qui déféra à l'amiral Louis de Culant la curatelle de Jean II de Brosse, seigneur de Sainte-Sévère (cfr. LA THAUMASSIÈRE, *ibid.*, p. 625, et 755; — E. CHÉNON, *Hist. de Sainte-Sevère-en-Berry*, Paris, 1889, in-8°, p. 111).

Chap. 168 : *Cecy est le cas de Guillaume Laquain et de ses nepveux* (1), *lequel aprent, etc.* — Les tuteurs ne doivent pas prendre possession des biens de leurs pupilles, sans un inventaire fait par autorité de justice, et par un clerc et un sergent : « Ainsi l'ay veu jugier pour les enfans feu Gironnet l'an mil quatre cens trente, en septembre ».

Il faut joindre à ces extraits quatre autres annotations, qu'on trouve dans le recueil intitulé : *Les Coustumes des amendes du prevost de Bourges* (2).

Chap. VIII. — Si un homme condamné à la prison ne s'y rend pas lorsque « l'en mist main à luy », il encourt une amende de 60 sols parisis : « Et ainsi l'ay veu juger en l'auditoire du Palais ».

Chap. XI. — Si deux hommes qui se battent se séparent avant que le sergent les arrête, il n'y a pas *chaude-meslée* : « Et ainsi l'ay veu jugier le dix-huitiesme jour de fevrier l'an quatre cens trente-deux, devant le prevost ».

Chap. XXIX. — Toute injure proférée devant le juge entraîne une amende de 60 sols parisis ; certains tiennent même que l'amende doit être arbitraire : « Et ainsi l'ay veu par Valenciennes (3), qui injuria en jugement le gendre Guillaume Lamoureulx, et pareillement de Huguet le Poulaillier ».

Chap. XLIV. — Les larrons publics peuvent être pris en lieu de franchise : « Et cecy j'ay veu par Chagneau de la Forest et ung autre, qui furent à desrober ung evesque d'Escosse, qui fut pris en l'église de saint Ambroiz, et ledit Chagneau en l'église de saint Eloy de Gii, et autres qui ont esté pris en franchise et depuis ont esté pendus ; car lesdiz estoient larrons publiques et espieux de chemins (4) ».

(1) Catherinot sur son exemplaire corrige « Luquain », et écrit en marge : « [Pre]z le cloistre [des] Cordeliers ». On trouve un Pierre Luquain, échevin de Bourges en 1491 et 1492 ; il portait d'argent à trois cannes nageantes au naturel (LA THAUMASSIÈRE, *Histoire, op. cit.,* p. 170, 171).

(2) Dans LA THAUMASSIÈRE, *Cout. locales,* p. 334-343.

(3) S'agit-il de *Mathieu de Valenciennes,* s. de Veaulces, marié vers 1400 à Catherine de Janoillac [CATHERINOT, *Tombeau généal, op. cit.,* p. 32], ou de *Pierre de Valenciennes,* prud'homme de Bourges en 1442 et 1443, prévôt en 1453 (LA THAUMASSIÈRE, *ibid.,* p. 163, et 53) ? Je l'ignore.

(4) Cfr. *Grand Coutumier de France,* IV, 13 (édit. Laboulaye, *op. cit.,* p. 663) : « *Tamen publicus latro,* comme espieur de chemin ou de bois, *vel nocturnus depopulator agrorum, non debent gaudere ecclesiæ immunitate, nec etiam cimiterii* ».

TABLE

Paris, 22 mai 1905.

BAR-LE-DUC. — IMPRIMERIE CONTANT-LAGUERRE